Annette Neubauer

YAKARI
Der tollpatschige Waschbär

Ravensburger Buchverlag

Bibliografische Information der Deutschen Nationalbibliothek:

Die Deutsche Nationalbibliothek verzeichnet diese Publikation
in der Deutschen Nationalbibliografie.
Detaillierte bibliografische Daten sind im Internet
über http://dnb.d-nb.de abrufbar.

1 2 3 4   D C B A

Originalausgabe
© 2018 Ravensburger Buchverlag Otto Maier GmbH

© Derib + Job — Le Lombard (Dargaud-Lombard S.A.) 2018
Licensed by: EL Euro Lizenzen, D-80331 München
© 2016 – Ellipsanime Productions / Belvision / ARD & WDR /
Les Cartooneurs Associés / 2 Minutes
Yakari TV Serie realisiert von Xavier Giacometti
nach der Geschichte «Der tollpatschige Waschbär»
von Stéphane Melchior

Producing: Weiß-Freiburg GmbH – Graphik & Buchgestaltung

Alle Rechte dieser Ausgabe vorbehalten durch
Ravensburger Buchverlag Otto Maier GmbH
Postfach 1860, 88188 Ravensburg

Printed in Germany
ISBN 978-3-473-49086-8
www.ravensburger.de

Inhalt

Der Streit

Yakari reitet auf seinem Pferd
Kleiner Donner durch den Wald.
Er sucht Johannisbeeren.
Seine Freundin Regenbogen braucht
die Beeren für ein leckeres Essen.
Plötzlich hört Yakari vom Fluss her
aufgeregte Stimmen.

„Verschwinde! Wir wollen dich
hier nicht mehr sehen!",
ruft ein Biber wütend
einem Waschbären zu.
„O nein. Bitte verjagt mich nicht.
Ich lebe schon so lange hier
am Fluss", jammert der Waschbär.
Er reibt sich traurig die Augen.

„Aber du machst nichts als Ärger!",
schimpft auch Grizzly.
Yakari reitet hinunter zum Fluss
und fragt die Tiere besorgt:
„Warum verjagt ihr
den Waschbären?
Der Wald gehört doch allen."

„Der Waschbär hat meinen Damm
zerstört", beschwert sich der Biber.
„Aber Tausendmäuler, ich habe
nur einen morschen Zweig
herausgezogen.
Da ist alles zusammengebrochen.
Es tut mir so leid",
erklärt der Waschbär.

Bär Grizzly ist auch wütend.
Alle seine Fische sind weg
und der Waschbär ist schuld.
„Ich wollte die Fische doch
nur saubermachen. Dabei
sind sie mir weggeflutscht
und im Fluss gelandet",
sagt der Waschbär verzweifelt.

„Hast du das wirklich
ohne Absicht gemacht?",
fragt Yakari.
„Ja, ehrlich. Ich wollte den
beiden nur helfen", antwortet der
Waschbär.

Ein doofer Name

Yakari denkt nach. Wie immer
möchte er den Tieren helfen.
„Ich kümmere mich um
den Waschbären!", sagt er.
Als der Waschbär das hört,
freut er sich und hüpft neben
Kleiner Donner und Yakari her.

„Ich zeige euch
die besten Johannisbeeren",
ruft der Waschbär.
„Wie heißt du eigentlich?",
fragt Kleiner Donner.
„Ich habe einen doofen Namen.
Ich heiße Tollpatsch, weil ich
immer so ungeschickt bin",
erklärt der Waschbär.

In der Falle

Der Waschbär führt Yakari
zu einem Strauch voller
Johannisbeeren.
Yakaris Beutel ist schnell gefüllt.
Da entdeckt der Waschbär
ein Seil auf dem Boden
und hebt es hoch.

Doch das Seil ist eine Falle!
Schon zieht sich das andere Ende
um Yakaris Fuß zusammen.
Die Schlinge zieht sich zu,
Yakari fliegt durch die Luft
und hängt kopfüber an einem Ast.
Dabei fällt ihm der Beutel
mit Beeren aus der Hand.

„Ich helfe dir!",
ruft der Waschbär erschrocken.
Er klettert am Stamm hoch
und nagt das Seil durch,
an dem Yakari hängt.
„Doch nicht so!", ruft Kleiner Donner.
Zu spät! Yakari fällt mitten
in den Strauch.

„Mir ist nichts passiert", sagt Yakari
und rappelt sich hoch.
„Aber wir haben
keine Beeren mehr."
„Das wollte ich nicht,"
sagt der Waschbär.
„Aber ich kenne einen Platz,
wo noch süßere Beeren wachsen."

Ein wütender Grizzly

Der Waschbär führt seine
Freunde wieder zum Fluss.
Am anderen Ufer
stehen Sträucher voller Beeren.
Aber auch der Bär
ist weiter gezogen
und fängt dort drüben Fische.

Als Grizzly den Waschbären sieht,
ruft er grimmig:
„Kommt bloß nicht in meine Nähe,
sonst werde ich richtig böse!"
„Wir pflücken nur ein paar Beeren",
antwortet Yakari.

Yakari springt schnell
über die großen
Steinplatten im Wasser
hinüber zum anderen Ufer.
Der Waschbär hüpft hinterher.

Es dauert nicht lange,
und Yakaris Beutel ist
wieder gefüllt.
„Darf ich den Beutel
zurücktragen?
Ich pass auch gut auf!",
bittet der Waschbär.
„In Ordnung", stimmt Yakari zu.

Das Unglück

Der Waschbär hüpft
mit dem Beutel zurück.
„Siehst du! Ich bin gar nicht
tollpatschig!
Darf ich wieder
am Fluss wohnen?",
ruft er dabei Grizzly zu.
Doch da rutscht er aus.

Der Beutel fliegt durch die Luft und
landet auf dem Kopf des Bären.
Grizzly taumelt und
fällt direkt auf seine Fische,
die hinter ihm auf einem Stein liegen.
O je! Alle Fische rutschen
zurück ins Wasser.

Die Flucht

Grizzly tobt vor Wut und
hechtet zum Waschbären.
„Nichts wie weg", ruft Yakari
vom Pferd aus.
Der Waschbär springt hinter Yakari
und Kleiner Donner prescht davon.
Grizzly ist ihnen auf den Fersen.

„Ich bringe allen nur Unglück",
sagt der Waschbär zu Yakari.
„Du bist mein einziger Freund.
Ich will nicht, dass dir
wegen mir etwas passiert."
Dann springt er traurig vom Pferd.

„Bleib hier!", ruft Yakari
erschrocken.
Aber der Waschbär läuft davon
und versteckt sich im Wald.
„Kehr um, Kleiner Donner!", ruft
Yakari. „Wir müssen ihm helfen."
Doch Kleiner Donner reitet weiter,
damit Grizzly sie nicht erwischt.

Am Abend erreichen Yakari
und Kleiner Donner
müde und traurig
das Indianerdorf.

Der Traum

In der Nacht hat Yakari einen Traum.
Sein Beschützer, Großer Adler,
spricht zu ihm.
„Mein Name ist Großer Adler.
Und du heißt Yakari",
sagt der Vogel.
„Das weiß ich doch.
Warum sagst du das?",
fragt Yakari im Traum.
„Du bist wie dein Name",
erklärt Großer Adler
und fliegt davon.

Bevor Yakari ihn etwas
fragen kann, wacht er auf.

Regenbogen

Am nächsten Morgen
frühstückt Yakari
mit seiner Freundin.
„Ich habe Heidelbeeren
ins Essen getan.

Die sind noch besser
als Johannisbeeren",
erklärt Regenbogen.
„Hoffentlich ist dem Waschbären
nichts passiert", sagt Yakari.
„Er ist so plötzlich verschwunden."

„Du wirst ihn wiederfinden.
Ihr seid doch Freunde",
tröstet Regenbogen ihren Freund.
„Du gibst mir immer wieder
Hoffnung. Wie der Regenbogen
nach dem Regen.
Du bist wie dein Name",
sagt Yakari.
„Stell dir vor, ich hieße
Gewitterwolke.
Dann würden wir ganz oft streiten",
sagt Regenbogen und kichert.

„Ein Name kann alles verändern.
Das wollte mir Großer Adler
sagen!", ruft Yakari.

Der Sturz

Yakari läuft zu Kleiner Donner.
„Wir müssen
den Waschbären finden",
sagt er und springt auf das Pferd.
Kleiner Donner prescht los.
Bald erreichen sie den Wald.

„Der Waschbär braucht
einen neuen Namen",
erklärt Yakari.
„Du glaubst, das macht ihn
glücklich?", fragt Kleiner Donner.
„Wenn mich meine Eltern
Tollpatsch genannt hätten,
wäre ich bestimmt auch
ein Tollpatsch geworden",
erwidert Yakari.

„Halt!", ruft Yakari plötzlich.
Grizzly steht auf dem Weg und
rüttelt an einem Baumstamm.
Oben am Ast hängt der Waschbär
und schreit vor Angst:
„Hilfe! Ich falle gleich runter!"
Doch der Bär schüttelt nur
noch fester und brummt:
„Dem Tollpatsch zeige ich es!"

Es kracht. Der Ast bricht
und fällt direkt auf den Bären.
Der kleine Waschbär landet
weich auf Grizzlys Bauch.
Doch der Bär fällt in Ohnmacht.

Der neue Name

„Armer Grizzly",
sagt der Waschbär.
„Ich möchte etwas Gutes für ihn tun."
„Um etwas Gutes zu tun,
solltest du wachsam sein.
Halt einfach öfter die Augen auf",
sagt Kleiner Donner.

„Wachsam sein und
die Augen aufhalten!
Großartig, Kleiner Donner!
Wir haben einen neuen Namen
für unseren Freund:
Wachsames Auge!", ruft Yakari.
„Ich liebe diesen Namen.
Ob ich von nun an nicht mehr
so ungeschickt sein werde?",
fragt Wachsames Auge.

Fische für Grizzly

„Vielleicht verändert
dein neuer Name alles",
sagt Kleiner Donner.
„Juchhu! Ich werde es
gleich ausprobieren und
für Grizzly Fische fangen!",
ruft Wachsames Auge.
Schon läuft er zum Fluss.

Als Grizzly aufwacht,
liegen viele Fische vor ihm.
„Was ist denn das?",
brummt er erstaunt.
„Das sind deine Fische!
Die habe ich für dich gefangen",
erklärt Wachsames Auge stolz.

„Du machst doch nur Blödsinn",
antwortet Grizzly.

„Wachsames Auge hat sie
wirklich gefangen", sagt Yakari.

„Wer ist denn Wachsames Auge?",
fragt Grizzly verwundert.

„Das bin ich! Und seit ich so heiße,
mache ich keinen Quatsch mehr!",
antwortet Wachsames Auge.

Jetzt kommt auch der Biber
Tausendmäuler zu ihnen.
„Das stimmt! Wachsames Auge
hat mir eben geholfen,
den Damm zu reparieren", sagt er.

Abschied

„Es wäre schön,
wenn Wachsames Auge
wieder am Fluss wohnen dürfte",
schlägt Yakari vor.
Grizzly schnüffelt an den Fischen.
Dann nimmt er einen und
wirft ihn Wachsames Auge zu.
„Guten Appetit!", sagt er.
Wachsames Auge beißt hinein.

„Alles Gute, Wachsames Auge.
Danke für die Johannisbeeren",
sagt Yakari.
Dann reitet Yakari schnell zurück
in sein Dorf.
Denn sein neues Abenteuer will er
unbedingt Regenbogen erzählen.

Leselern-
★ STARS ★
Für Leseanfänger

Leseurkunde

Hurra, ich habe
das ganze Buch geschafft!

Ich heiße _____

Ich bin _____ Jahre alt.

Ausgefüllt am _____